AF383970

ÉLOGE HISTORIQUE

DE

PIERRE PUGET,

SCULPTEUR, PEINTRE ET ARCHITECTE.

Ouvrage qui a concouru pour le prix proposé par l'Académie de Marseille.

Post cineres est verus honor, est gloria vera.
HALINGENE. Liv. 9, v. 95.

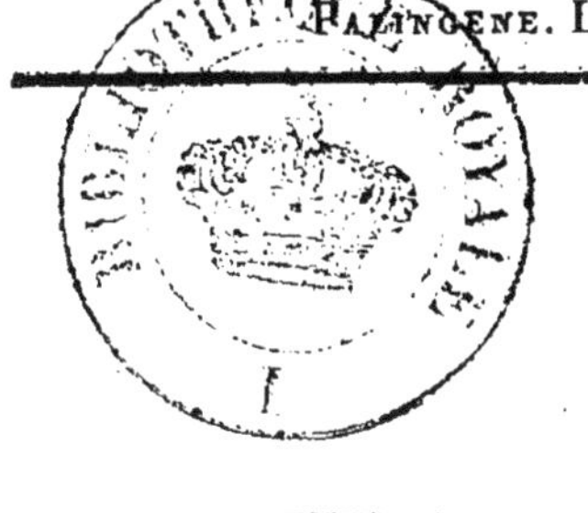

A PARIS.

DE L'IMPRIMERIE BIBLIOGRAPHIQUE, RUE GIT-LE-CŒUR,

1807.

ÉLOGE HISTORIQUE

DE

PIERRE PUGET,

SULPTEUR, PEINTRE ET ARCHITECTE.

Si les hommes d'un talent médiocre ont besoin, pour s'élever, du concours heureux de quelques circonstances ; s'il faut que leurs dispositions naturelles soient cultivées par des maîtres habiles et leur cœur enflammé par l'émulation ; on regardera sans doute comme un génie supérieur, celui qui, sans encouragement et sans guide, s'élance dans la carrière et surpasse tous ses concurrens.

Ceux qui se livrent aux arts, n'ont pas tous en eux ce sentiment du beau, ce goût exquis et ce tact qui doivent en être la partie la plus essentielle, et sans lesquels l'artiste n'est plus qu'un ouvrier. De serviles imitateurs suivent pas-à-pas la route frayée par leurs maîtres ; le véritable artiste n'a d'autre règle que son talent, d'autre boussole que son génie ; il se jette à travers les routes inconnues, il s'égare quelquefois : ses erreurs même ont leur mérite et de brillantes découvertes peuvent en être le fruit. En effet, où ira ce voyageur qui s'arrête à l'aspect d'une montagne ? il suivra la route commune ; son œil n'osera voir au-delà des bornes qui l'arrêtent, et son imagination stérile craindra de deviner les régions qu'un peu de courage lui feroit parcourir avec délices.

Tel est un enfant qui voit les limites du monde dans l'horison borné qu'il découvre ; tel est aussi l'artiste qui voit les limites de l'art dans les modèles dont il est entouré. « Soyez vous-même, peut-on » lui dire ; n'imitez que la nature et non pas » ceux qui vous ont précédés. Ayez le desir de » toucher à la perfection et le noble orgueil d'être » cités comme modèles. »

Les arts comme les empires, éprouvent des révolutions. La peinture, après avoir brillé aux siècles de Périclès, d'Alexandre et d'Auguste, avoit subi les loix de cette force destructive qui anéantit les ouvrages après avoir moissonné leurs auteurs.

Elle renaissoit à peine, lorsque *Michel-Ange* reçut le jour, et elle lui dût sans doute le degré de splendeur auquel elle s'éleva en peu de temps.

Puget naquit dans le midi de la France cent cinquante ans après. Les arts encore dans l'oubli, ne présentoient aucun monument digne d'être remarqué. Il n'eut donc, ainsi que Michel-Ange, ni des maîtres capables de le diriger, ni des émules dignes de l'enflammer : ces deux grands artistes avoient en eux-mêmes le germe du talent, ils ne dûrent qu'à leur mérite leurs premiers succès : ainsi le vrai génie s'élève seul, l'obstacle accroit sa force, comme on double en le comprimant l'élasticité d'un ressort.

Tous deux eurent les mêmes goûts, le même caractère, tous deux furent violens, fiers, ennemis de la flatterie ; ils dédaignèrent l'intérêt ; en un mot dans les cours ils furent artistes et jamais courtisans.

Ils se firent un jeu de varier leurs études et leurs travaux , de manier tour-à-tour le pinceau, le compas et le ciseau. Mais ici la ressemblance finit et le parallèle doit cesser : l'un né dans l'aisance jouit des faveurs de la fortune et du charme qu'elle répand sur les arts ; l'autre eût besoin de leur prestige pour lui faire oublier ses malheurs.

L'un obtint des honneurs et des récompenses ; l'autre fut rebuté par des artistes jaloux ; mais tous deux sont rapprochés par la postérité, qui venge la mémoire des hommes célèbres et remet l'équilibre entre les réputations.

Pierre PUGET (1) naquit à Marseille le 3 octobre 1622 ; son père , sculpteur en bois , ne se crut pas capable de seconder ses dispositions et le plaça chez Roman , constructeur de galères, où il pensa qu'il recevroit de bonnes leçons. Le jeune élève fit des progrès rapides et s'apperçut bientôt que son maître n'avoit plus rien à lui apprendre. Roman sachant l'apprécier, le mit à la tête de ses travaux ; mais Puget avoit d'autres vues : un voyage à Rome étoit le but de tous ses desirs. Sans consulter ses parens, sans calculer ses moyens, à

(1) Pierre Puget étoit le troisième fils de Simon Puget, sculpteur en bois. Son portrait peint par lui-même, a été gravé en manière noire par Coussin ; celui que fit son fils, a été gravé par Jeaurat, Dupuis, etc.

peine âgé de dix-sept ans , il quitta son pays et porta ses pas vers la capitale des arts.

Arrivé à Florence , il se vit contraint de s'y arrêter pour vivre de son travail ; mais il étoit jeune et français ; on lui ferma tous les ateliers. La misère alloit l'atteindre; il se trouvoit sans ressources et dans un pays étranger.

Un vieux sculpteur en bois fut son protecteur. Le jeune homme sut l'émouvoir par le récit simple et touchant de son état et de ses espérances; le viéillard lui promit des secours ; il le conduisit chez le sculpteur du Grand-Duc : une nouvelle épreuve l'y attendoit ; on ne le reçut que comme le dernier de tous les ouvriers. Sa fierté se révolta de l'injure faite à son talent ; mais il se soumit à la nécessité et accepta un ouvrage peu digne de l'occuper. La promptitude et la supériorité de son travail le firent remarquer : il causa bien plus d'étonnement, lorsqu'il demanda à travailler d'après ses propres compositions. Le sculpteur du Grand Duc le tira de la foule de ses compagnons , l'accueillit chez lui , le reçut à sa table ; distinction d'autant plus flatteuse que les Italiens ne l'accordoient point à un étranger.

Peu sensible à ce changement imprévu , Puget ne cessoit de soupirer pour le voyage de Rome ; dès lors il refuse les places qui lui sont proposées, une pension que lui offre l'architecte du Grand-Duc , et après un an de séjour à Florence il quitte la Toscane.

Son cœur tressaille de plaisir en appercevant de

loin la vaste coupole de Saint-Pierre, qui s'élève majestueusement dans les airs. Il va donc considérer à loisir ces monumens de la splendeur de Rome ; son imagination s'aggrandit à la vue de ces ruines superbes ; il s'incline avec respect devant le Panthéon, et reste en extase en appercevant ce Capitole, d'où les maîtres du monde savoient lui dicter des lois.

Le jeune sculpteur se trouvoit au comble de ses vœux. La réputation de Pierre Béretini (2), appelé Pietre de Cortone, lui fit desirer d'en recevoir des conseils. Ce peintre l'accueillit d'abord froidement ; mais lorsqu'il eut vu quelques uns de ses dessins, il changea de manières à son égard, lui ouvrit son atelier, et consentit même à travailler en sa présence.

(2) *Pierre* BERETINI naquìt à Cortone, en 1596, élève de deux maîtres connus ; il étudia les antiques, Michel-Ange, Raphaël et Polydore Caldara (le Caravage) ; mais ces études ne le rendirent pas un dessinateur savant et correct ; l'Italie après avoir brillé par un grand nombre d'excellens peintres, avoit perdu son lustre. Beretini avoit du génie, une manière large et facile ; ses ordonnances ont quelque chose d'imposant ; son pinceau est moelleux, sa couleur agréable : mais d'aussi grands talens sont mêlés de nombreux défauts. Son dessin est lourd ; ses têtes manquent de noblesse ; ses draperies sont fausses et ses plis trop ronds. Il fut regardé, par ses compatriotes, comme excellent modèle, et ils cherchèrent à l'imiter.

En composant plutôt pour séduire les yeux que pour bien rendre le sujet qu'il traitoit, en mettant sans nécessité un grand nombre de figures, en cherchant à faire ce que dans ce temps on trouvoit magnifique et qu'on nommoit de *grandes machines ;* il fut cause de la perte des arts en Italie, aidé dans cette révolution par le Bernin, et surpassé par Boromini.

Puget sentit alors qu'il pouvoit être peintre : car il ne faut souvent qu'un hasard pour développer un talent dont on porte en soi le germe.

Il fit en peu de temps les progrès les plus étonnans. Pierre de Cortone le donnoit pour modèle aux autres élèves, et leur reprochoit de se laisser surpasser par un étranger, qui n'avoit encore reçu que quelques leçons ; mais il avoit puisé les meilleures dans la nature qu'il ne cessoit d'étudier. Il avoit si bien saisi la manière de son maître, qu'un de ses tableaux fut pris, par tout le monde, pour un ouvrage de Béretini, à qui ses compatriotes donnoient le surnom flatteur de *Corona de Pittori*. Pendant deux ans, il continua de travailler sous les auspices de ce peintre, et le suivit à Florence, où le Grand-Duc l'appeloit pour peindre les plafonds du palais Pitti (3). Puget retrouva ses premiers protecteurs, qui durent éprouver quelque surprise en le voyant devenu peintre : il céda pourtant aux instances de ceux qui naguères le dédaignoient, et fit dans cette ville quelques ouvrages de sculpture.

Mais un desir nouveau s'éveilla dans son cœur : absent depuis cinq années, le jeune Français tourna ses regards vers sa patrie ; en vain on lui offrit en Italie et la fortune et les honneurs. Béretini lui promit de le présenter à des princes, le

(3) C'est en 1643 que Puget revint à Florence avec Beretini, que le Grand-Duc venoit d'y appeler. Le silence de ceux qui ont écrit sur les ouvrages de Puget, donne lieu de penser que les travaux qui l'occupèrent à Florence, ne sont pas assez importans pour ajouter à sa gloire.

sculpteur du Grand-Duc lui fit voir les avantages considérables qui l'attendoient s'il se fixoit auprès de ce souverain; il fut sourd aux prières, il dédaigna la richesse, et retourna au milieu de ses concitoyens, fier de leur consacrer ses talens et de mériter leurs suffrages.

Puget revint donc à Marseille en 1643, jeune encore et déjà rempli des connoissances et de l'habileté d'un homme consommé dans les arts. Des officiers de la marine royale, curieux de voir ses études, furent frappés d'étonnement en y trouvant des projets aussi utiles que magnifiques pour l'embellissement des navires. Ils en parlèrent au duc de Brézé, surintendant de la marine (4), qui manda Puget à Toulon, et lui fit faire le modèle d'un vaisseau qui surpassa par la grandeur et la magnificence de son exécution tout ce qu'on avoit vu jusqu'alors. Ce fut dans cette occasion qu'il imagina ces galeries qui donnent aux grands bâtimens tant de noblesse, et qui depuis ont toujours été employées dans nos vaisseaux, et imitées par les étrangers. On lui doit aussi l'introduction des grues pour faciliter la construction des navires;

(4) Le duc de Brezé ayant été tué au siége d'Orbitello, le 14 juin 1646, la Reine-Régente se fit expédier le brevet de surintendante de la marine; le vaisseau qui étoit sur le chantier, fut nommé *la Reine.*

Puget fit pour cette princesse un tableau de quatre mètres, qui représentoit le vaisseau qu'il venoit de terminer; on ne sait ce qu'est devenu cette peinture; mais il existe au Muséum des Arts, à Paris, trois dessins de Puget, dont un représente un grand vaisseau, vu de profil, de face et en perspective, peut-être est-ce celui qui lui avoit servi pour son tableau?

il en fit exécuter deux dans le port de Toulon. Il ne se borna pas à ces travaux, il se livra avec succès à la mécanique ; inventa, pour retirer le bois des bassins et pour décharger les vaisseaux, une machine, par le moyen de laquelle deux hommes suffisent pour ce qui en exigeait dix.

Puget a prouvé qu'il pouvoit aussi briller dans la peinture ; ses tableaux sont nombreux et se rencontrent presque tous dans son pays natal.

Il est fâcheux qu'il ait suivi l'impulsion qui lui avoit été donnée par son maître ; il a travaillé dans le goût de Cortonne, mais sans l'imiter en tout : ses compositions sont plus sages, son dessin meilleur ; il est même à remarquer que ses peintures sont plus correctes que ses sculptures ; sa couleur enfin est brillante et vigoureuse, quelquefois il s'est montré le rival des meilleurs coloristes.

On est étonné de voir que cet homme, qui pouvoit à peine retenir l'ardeur dont il étoit animé lorsqu'il travailloit le marbre, ait su s'astreindre à dessiner des marines avec le plus grand soin. Toutes ses études de vaisseaux sont enrichies d'ornemens variés à l'infini, et rendus avec une exactitude scrupuleuse sans nuire à l'effet de l'ensemble.

Ce fut vers l'âge de trente ans qu'il se livra davantage à la peinture. Il avoit alors acquis l'expérience qui met un frein à l'imagination.

Ses principaux tableaux sont une *annonciation* (5) et une *visitation* pour les jésuites d'Aix ;

(5) Ce tableau est actuellement à Aix, dans le cabinet de M. DE FONS-COLOMBE. Voyez le *Voyage de M. MILLIN dans les départemens du midi de la France*, t. II, p. 332.

pour les jacobins de Toulon, une autre annonciation peinte dans le goût de Pierre de Cortone, avec beaucoup de facilité. Pour la cathé-
drale de Marseille, trois tableaux qui sont
maintenant au musée de cette ville ; le bap-
tême *de Constantin* et celui *de Clovis* (6), puis
un *sauveur* (7) de grandeur naturelle, porté sur
des nuages et soutenu par des anges (8). Ce tableau, d'un effet des plus piquans, d'une composition des plus heureuses, d'un pinceau et d'une
couleur digne des plus grands maîtres, donne une
très-haute idée des talents de Puget. On y sent la
force et la vigueur de cet artiste ; on y reconnoît
les études et les beautés qui caractérisent ce sculpteur. On y retrouve toute la vérité et l'énergie de
ses admirables statues.

Nous sortirons de France pour admirer encore
Puget ; c'est dans l'église de Saint-Cyr, à Gênes,
que se voit la plus grande de ses compositions :
elle lui fait d'autant plus d'honneur, qu'elle fut
préférée à celles de deux peintres italiens. Car-

(6) Au musée de Marseille. *Ibid*, t. III.

(7) *Ibid*, t. III.

(8) Il avoit fait, pour les capucins de Toulon, un Saint-Félix,
et pour l'église de la Valette Saint-Hermantaire, Saint-Joseph
agonisant, et Saint-Jean écrivant l'Apocalypse.

Parmi ses tableaux de chevalet, on cite une fuite en AEgypte,
une vierge faisant lire l'enfant Jésus, un enfant Jésus dans la
crèche, un David dans le goût du Gnide, d'un pinceau hardi,
facile et large. Son portrait à mi corps. Une Rachel, un Saint-
Jean Baptiste, un Saint-Denis, une Nativité, une éducation
d'Achille par le centaure Chiron, et une Bacchanale.

loni, l'un des concurrens, n'ayant pas grande confiance en ses propres forces, et craignant les protections dont Piolla étoit honoré, eut recours à Puget pour lui donner un dessin : notre artiste y ayant consenti, son esquisse fut choisie, et Carloni chargé d'exécuter le projet de l'artiste français, qui voulut aussi prendre part à la peinture de ce dôme, et vint quelquefois travailler avec son ami.

Après avoir vu Puget tour-à-tour peintre, constructeur et mécanicien, on peut encore le considérer comme architecte.

Il donna en 1661 des dessins pour le cours de Marseille ; malheureusement celui qui fut chargé de l'exécution changea plusieurs de ses idées, et détruisit en partie la magnificence de la première conception.

Si l'on eût suivi les plans de Puget, cette promenade auroit eu beaucoup plus de largeur ; tous les hôtels auroient eu des avant-corps uniformes, un arc de triomphe placé à l'extrémité du cours auroit arrêté le point de vue et formé un aspect tout-à-la-fois noble et élégant.

Puget donna aussi pour un hôtel-de-ville un projet qui ne fut pas exécuté.

Il commença à bâtir *l'arsenal de la marine* à Toulon ; mais par une fatalité qui sembloit s'attacher à ses entreprises, il fut encore interrompu dans cet ouvrage. La jalousie n'attaque ordinairement que le vrai talent ; Puget en éprouva tous les effets, malgré l'appui de plusieurs personnages importans (9). L'intendant Matarel fit continuer par d'autres ce qu'il avoit entrepris. Colbert exigea que l'on conservât du moins ce qu'il avoit déjà fait; mais le nouvel architecte, craignant sans doute la comparaison, parvint à faire brûler toute cette partie.

Quelques maisons particulières furent les seuls ouvrages d'architecture qu'il pût terminer entièrement en France (10). Il fit à Gènes le *maître autel de l'église de Saint-Cyr*, dont on admire les ornemens; le *baldaquin du maître autel de Sainte-Marie de Carignano*, et enfin l'*église de l'Annonciade*, où une nouvelle contrariété l'attendoit (11). Un sénateur, dont le palais auroit été masqué en partie, fit changer presqu'entièrement les plans de cette église. Il étoit décidé que Puget ne pourroit rien terminer qui fixât sa réputation comme architecte. Il commença encore les *églises de la Charité et des Capucins*, qui ont été finies par son fils.

(9) Le Duc de Vendôme, amiral ; le Marquis de Beringhem, et Arnoult, intendant des galères.

(10) Sur sa maison rue de Rome, à Marseille, il avoit placé cette inscription. « *Niuno lavoro senza pena.* »

Sa maison de campagne existe encore, on apperçoit d'abord une petite chapelle, dont la façade est de marbre blanc, avec un portique et un dôme ; on monte ensuite jusqu'à un bassin entouré d'un fer à cheval qui conduit à la maison composée d'un rez-de-chaussée et d'un étage.

Je n'ai pas parlé de la poissonerie neuve, ou de Saint-Martin, parce que je la crois bâtie par Paul Puget, son petit fils.

(11) Le modèle qu'à exécuté Puget est conservé dans la sacristie de cette église, il a quatre mètres de haut.

Une maladie dangereuse vint le surprendre au milieu de ses travaux, et pensa l'enlever aux arts dans la force de l'âge. Mais si la peinture le perdit, c'est à la même cause que la sculpture dut un de ses plus dignes soutiens. L'exercice que fait prendre ce travail étoit nécessaire au tempérament vif et impétueux de Puget ; aussi est-ce comme sculpteur que nous allons maintenant le considérer, et ce n'est pas le côté le moins brillant de son histoire.

La sculpture n'étoit pas à cette époque ce qu'elle avoit été en France sous le règne de François Ier. Ce prince, ami des lettres et protecteur des artistes, avoit puisé en Italie le goût des beaux arts qu'il sut naturaliser dans son empire. La sculpture y fut portée tout-à-coup à un très-haut degré de perfection ; et tandis que Jean Cousin est presque le seul qui se soit alors distingué dans la peinture, on compte parmi les sculpteurs *Jean Juste*, *Barthelemi Prieur*, *Germain Pilon* et *Jean Goujon*. Ils avoient suivi les traces de *Paul Ponce* et du *Primatice* ; aussi leurs ouvrages tenoient-ils beaucoup de l'école Florentine.

Les Florentins, lors de la renaissance des arts, admirèrent ces modèles sublimes échappés à la destruction ; ces ouvrages qui attestent le goût et le talent des anciens, et dont les fragmens même sont admirables.

Ils voulurent imiter ces chefs-d'œuvre, mais ils sentirent qu'il falloit aussi étudier la nature, qui doit être la base de l'art. L'anatomie devint une

de leurs principales connoissances; et pour faire
voir combien elle leur étoit familière, ils outrèrent
leur dessin et mirent en mouvement tous les mus-
cles à la fois, sans songer que lorsqu'il s'en trouve
une partie en action, l'autre est nécessairement
en repos. Les mêmes études leur servirent souvent; ce qui jette dans leurs compositions une
sorte de monotonie qui les fait reconnoître au
premier coup-d'œil.

Les artistes Français eurent donc les mêmes
défauts que leurs maîtres.

Mais les troubles qui s'élevèrent, les guerres
civiles qui désolèrent la France, vinrent arrêter
les progrès que pouvoit faire la sculpture. On fit
peu d'élèves; et ceux-ci, devenus maîtres à leur
tour, dans un temps où les désordres politiques et
religieux remplirent le royaume de désolation et
de deuil, virent l'art décroître et menacé d'une
ruine complète.

On vit cependant au sein des ténèbres briller
quelques étincelles de goût. SARRASIN fit plusieurs
ouvrages dont le grandiose est le mérite prin-
cipal. THEODON, GUERIN, et les deux frères AN-
GUIERS, parurent ensuite; mais ils s'éloignoient
peu à peu de la bonne route; le grand devint
gigantesque, les attitudes maniérées, l'imitation
de l'antique produisit des copies froides, le beau
idéal des formes hors de la nature; enfin tout
devint forcé, mesquin, incorrect.

Il falloit pour arrêter ce torrent qui entraînoit
les arts vers leur perte, un homme vraiment animé

de ce génie qui caractérise le véritable artiste. Il falloit qu'il résistât à la contagion de l'exemple, et que sans autre maître que lui-même, il s'élevât au degré dont ses précédesseurs étoient déscendus.

Puget, en évitant un extrême, pensa tomber dans un autre.

Habitué à voir travailler des hommes presque nus dans le port de Marseille, il saisit pour ainsi dire la nature sur le fait ; il sut la voir, l'étudier, l'imiter ; il ne sut pas toujours la choisir ; son goût ne fut peut-être pas assez pur : mais si dans quelques parties il fut inférieur aux anciens, il les surpassa par la vérité des détails ; personne n'a donné plus de sentiment que lui à ses statues ; il a plus que tout autre un style naturel, et voilà ce qui l'a distingué de tous ses contemporains, voilà ce qui le rendra peut-être long-temps inimitable.

Les premiers ouvrages qui occupèrent en France le ciseau de Puget, furent les deux caryatides qui soutiennent à Toulon le balcon de l'hôtel de ville.

Louis XIV les admira dans son voyage en Provence (12), et les eût fait conduire à Paris, sans l'impossibilité que l'on trouvoit alors à transporter des figures formées de plusieurs pierres (13).

En 1659, Puget fut demandé par Fouquet ; mais

(12) En 1660.

(13) Voyez ce qu'en a dit M. MILLIN, *Voyage dans les départemens du midi de la France*, t. II, p. 428.

le marbre manquoit à Paris, la magnificence dont se piquoit le surintendant, ne lui permettoit pas d'employer d'autre matière ; Girardin, son secrétaire, profita de cette circonstance pour enmener Puget à sa terre du Vaudreuil, où il fit dans la même année deux morceaux de sculpture, l'un représente un *Hercule*, l'autre *la Terre couronnant Janus avec de l'olivier.*

Il s'occupoit à modeler un bas-relief, lorsque l'architecte le Pautre, frappé de la beauté des figures qu'il venoit d'achever, conseilla à Fouquet de ne pas tarder plus long-temps à employer cet habile statuaire, pour les ouvrages dont il vouloit orner les jardins de Vaux-le-Vicomte ; et Puget fut chargé d'aller à Gênes choisir des blocs de marbre.

Mazarin ne vit pas sans déplaisir le départ d'un homme qui donnoit de si hautes espérances ; mais il étoit dans sa destinée qu'il iroit s'illustrer chez l'étranger, avant qu'il ne trouvât dans sa patrie des travaux dignes de lui. Arrivé à Carrare, Puget ne put rester dans l'inaction. Pendant qu'on embarquoit les marbres qu'il avoit choisis, il se mit à l'ouvrage, et c'est au milieu même de la carrière qu'il fit pour M. Desnoyers (14) un *Hercule en repos* après la conquête des Pommes des Hespérides (15). Cet ouvrage est très-beau, la tête seule

(14) Guillaume Sublet Desnoyers, fils du célèbre François Desnoyers surintendant des finances, des bâtimens du Roi, etc.

(15) Cette statue est connue sous le nom d'Hercule gaulois, à cause des armes de France, qui se trouvoient sur le bouclier ;

n'est pas digne du reste de la statue. Il est fâcheux que Puget ait consenti à en faire un portrait si éloigné du caractère que demandoit un Hercule.

Il étoit encore à Gênes lorsqu'on y apprit la disgrace de Fouquet (16). Les principaux habitans qui venoient d'admirer sa statue d'Hercule, réunirent leurs efforts pour le retenir au milieu d'eux. A peine eut-il consenti à s'y fixer, qu'il se vit chargé de travaux importans. Il fit pour l'église de Sainte-Marie de Carignano, deux statues colossales (17), l'une est celle du *bienheureux Alexandre Saoli,* évêque de la famille des fondateurs de cette église, l'autre un *St.-Sébastien,* qui est d'une exécution bien supérieure. Le martyr attaché à un arbre est déjà épuisé, ses jambes paroissent ne plus pouvoir le soutenir ; les plus cruelles angoisses se font sentir dans tout son corps, mais sa figure exprime en même temps la douleur et la foi. Il voit le ciel entr'ouvert et apperçoit la récompense qui l'y attend. Coipel fit de cette statue l'éloge le plus complet, en disant que le sujet seul empêchoit qu'on ne la prit pour une antique. Plusieurs princes jaloux de posséder un pareil chef-d'œuvre, en offrirent des sommes considérables, et des copies faites par les meilleurs sculpteurs, mais la répu-

Colbert en étant devenu possesseur à la mort de M. Desnoyers la fit placer dans les jardins de Sceaux, où elle est restée, jusqu'en 1794. On la voit maintenant dans une des salles du Luxembourg.

(16) En 1662.

(17) Ces deux statues ont quatre mètres de proportion.

(17)

blique de Gênes ne consentit jamais à s'en désai-
sir. Une aventure, fort simple en apparence, pi-
qua vivement Puget, et lui fit desirer de quitter
Gênes (18). Mécontent des procédés d'un sénateur,
il vouloit partir sans délai; on parvint cependant à
lui faire promettre qu'il ne quitteroit la ville qu'a-
près avoir terminé les marbres qu'il avoit ébau-
chés.

Il finit alors trois statues de la *Vierge* (19),
l'une est dans la chapelle dés seigneurs de Carega,
l'autre à l'*Albergo dei Poveri* (20) (l'hospice). Celle-
ci est une *assomption*; la Vierge est portée sur un
nuage dans lequel on apperçoit quatre têtes de
chérubins. Ce groupe est admirable pour la grace
et la légèreté, mais rien n'approchoit encore de
la dernière statue, c'est la conception de la Vierge.
Tout est mystique dans cette figure; les chairs sont
d'une vérité admirable, et Puget s'est montré supérieur à lui-même dans les draperies, où il a su
joindre l'élégance à la richesse, et faire sentir le

(18) Il se promenoit pendant la nuit, et fut arrêté par des
sbires, qui prétendant ne pas le reconnoître, le conduisirent
en prison pour être sorti l'épée au côté. Un des sénateurs qu'il
en fit informer différa jusqu'au lendemain matin à le faire mettre
en liberté.

(19) Ces trois statues sont de proportion un peu plus forte
que nature.

(20) Dargenville le fils a répété d'après le père Bougerel, que
ce beau monument avoit été bâti par Puget; mais il était commencé des 1655, cinq ans avant l'arrivée de cet artiste dans cette
ville. Les architectes qui y ont travaillé sont : Antoine Coradi,
Jérôme Gandolfo, Ant. Torriglia, et Bat. Ghiso.

nud en conservant la décence que demande un semblable sujet.

Il fit enfin, avant de quitter Gênes, un *bas-relief de l'assomption*, pour le duc de Mantoue (21). Ce prince le trouva si beau, qu'il engagea fortement son auteur à venir se fixer dans ses états. Il lui fit les offres les plus avantageuses ; mais sa mort arrivée avant le départ de Puget, priva cet artiste de la fortune et des honneurs qui l'attendoient.

Ce fut à cette époque que Bernini fut appellé à Paris. Il avoit admiré en Italie les ouvrages de son émule ; il débarque à Toulon, apperçoit les deux caryatides qui décorent le balcon de l'Hôtel-de-Ville, et apprenant qu'ils sont de Puget, il s'écrie : « Le roi possède un sujet aussi habile, et il » pense à m'appeler près de lui. » Arrivé à Paris, il marque son étonnement à Colbert (22) ; Colbert à qui la France a dû tant de grands hommes ! ce ministre chercha enfin à réparer l'oubli dans le-

(21) Charles III, Duc de Mantoue, mourut le 14 août 1665 ; c'est ce prince qui vendit au Cardinal Mazarin, le duché de Nevers, et tous ses domaines en France.

(22) Ce n'est qu'à regret qu'on peut trouver un tort à Colbert, le bienfaiteur de la France, mais est-ce ainsi qu'il eut récompensé Puget, s'il ne s'étoit cru fondé à faire quelques reproches à cet artiste. —

On se rapelle que lors du voyage de Puget à Paris, en 1659, le cardinal Mazarin avoit voulu l'y retenir ; Colbert alors intendant du premier ministre, avoit été chargé de détourner Puget du voyage qu'il entreprenoit pour Fouquet ; il n'y put réussir ; Colbert fut sans doute contrarié de ce refus et lorsqu'il devint ministre, il laissa Puget en Italie, tandis qu'il attiroit en France des artistes étrangers. Bernini lui ayant vanté le grand

quel on avoit laissé Puget. Il fit expédier à cet artiste le brevet d'une pension de 3600 livres, et le titre de *directeur des sculptures des vaisseaux.*

Cette nouvelle inattendue lui fit tant de plaisir, qu'en vain les familles Lomellini et Saoli voulurent le retenir ; les promesses de la famille Doria, les instances du sénat furent inutiles, il refusa de se charger des peintures de la grande sale du conseil, et déclara que rien ne pouvoit le retenir, quand il s'agissoit de consacrer ses talens au service de son roi et à la gloire de son pays.

Il quitta Gênes après un séjour de huit ans, et revint à Toulon en 1669 ; il fut aussitôt chargé de faire *la galerie du vaisseau le Monarque* (23).

Le duc de Beaufort, amiral de France, fut très-satisfait de cet ouvrage ; mais il n'avoit pas pour son auteur les ménagemens qu'exigeoit l'ame fière et susceptible de Puget. La manière dont il donnoit ses ordres le révolta, il alloit retourner à Gênes, lorsque M. de Beaufort eut assez de modération pour reconnoître ses torts, et de grandeur pour les réparer, en priant Puget de continuer ses travaux. Il en fut bientôt le plus ardent protecteur, mais la fortune le lui enleva encore ; l'amiral ayant été tué dès sa première sortie.

talent de ce sculpteur ; il le rappela en France et l'employa à des sculptures de vaisseaux, enfin Puget obtint qu'on lui laissât du marbre ; il fit son Milon ; mais Colbert n'étoit plus, et ses successeurs crurent que de l'argent suffisoit pour payer les ouvrages de l'*inimitable Puget.*

(23) Les deux figures qui ornoient ce bâtiment, avoient six mètres de haut, elles supportaient chacune un fanal, au milieu etoit l'écusson des armes de France.

Au commencement de l'année 1673, les échevins de Marseille passèrent avec lui un marché par lequel il s'engageoit à livrer entièrement fini, dans le courant d'août, l'écusson des armes de France, orné des ordres du roi, et supporté par deux anges, pour être placés dans le fronton de l'Hôtelde-Ville. Les ravages de la révolution se sont étendus sur cet ouvrage justement admiré (24). Un sculpteur a osé porter la main sur l'ouvrage de Puget ! la couronne fut remplacée par un bonnet de liberté (25) et un niveau couvrit l'écusson ; s'il s'en fut tenu là, on auroit vu qu'il cédoit à des ordres supérieurs, mais il voulut corriger son maître ; les bras et les mains des deux figures furent impitoyablement écorchées par un vandale paré du nom d'artiste.

Puget, las des difficultés qu'il éprouvoit chaque jour de la part des ingénieurs et des officiers de la marine, regrettant aussi de n'être occupé qu'à des sculptures de vaisseaux, demanda à Colbert trois blocs de marbre de ceux qui venoient d'arriver de Gènes pour le roi. Il obtint sa demande, et s'occupa de l'ébauche du *Milon de Crotone.*

L'athlète est représenté au moment où il est

(24) En faisant la description des fêtes qui eurent lieu à Marseille, lors de la naissance du Duc de Bourgogne, en 1682. Le Mercure galant parle du bas-relief de l'hotel de ville, et dit qu'il n'est pas étonnant de voir un si bel ouvrage, puisqu'il est de la main *du sieur Puget, le plus grand architecte de l'Europe.*

(25) Voyez le *Voyage* de M. MILLIN, déjà cité, t. III.

près de succomber victime de sa force. La main gauche est engagée dans la fente d'un tronc d'arbre dont les deux parties se sont resserrées. La droite est saisie par un lion qui s'attache à lui par derrière, et semble prêt à le dévorer. Ce chef-d'œuvre seroit la plus belle statue moderne, si le Saint-Sébastien ne lui disputoit la supériorité. Puget n'avoit donc de rival que lui-même (26). On admire dans le Milon la souplesse de la chair, la réunion de la force et de la douleur, de l'énergie et du désespoir; ce n'est pas une figure de marbre, c'est la nature elle-même ; on voit les vaisseaux se gonfler, le sang circuler et animer tout ce corps. On s'écriroit volontiers, avec la reine qui ne pût retenir son premier mouvement : *Ah ! le pauvre homme !*

Puget avoit fait sans succès plusieurs études ; il avoit eu plusieurs modèles, mais il ne trouvoit dans aucun l'expression qu'il vouloit mettre dans le pied de son Milon; il se pose, il sent, et il exprime dans son pied ce qu'il avoit dans l'ame ; il le fait mouler, et tel fut son modèle. Cette belle statue fut généralement admirée ; Lebrun écrivit à Puget pour lui demander son amitié. Louvois fut chargé

(26) Cette statue arriva à Versailles en 1683. Elle avoit d'abord été placée dans un endroit éloigné du château; mais le roi ne voulant pas laisser triompher la jalousie, la fit mettre à l'entrée de la grande et principale allée, dite le *Tapis vert* : sans cesse elle est entourée d'admirateurs, et cette figure seule a souvent engagé les artistes à retourner à Versailles, pour pouvoir graver plus profondément dans leur ame les souvenirs qu'elle y avoit tracés.

de lui témoigner combien le roi étoit satisfait de son ouvrage, et de lui demander s'il avoit quelque projet qui pût faire pendant.

Puget répondit le 20 octobre 1683, qu'il s'occupoit d'un grouppe de *Persée* et *Andromède*, dont, contre son ordinaire, il avoit fait un modèle aussi grand que le marbre, et que depuis long-temps il avoit ébauché un très-grand bas-relief d'Alexandre et Diogène ; que son intention, lorsque ces ouvrages seroient terminés, étoit de retourner à Gènes, où il étoit fort desiré ; mais que si le roi paroissoit content de ses travaux, il n'auroit pas de plus grand plaisir que celui de servir son prince ; qu'alors il mettroit au jour plusieurs projets qu'il avoit conçus pour l'ornement de Versailles.

De ce nombre étoient une *statue équestre* du roi, en marbre.

Un *Apollon en bronze*, de 38 pieds de haut, qui, posé sur le canal, comme le colosse de Rhode, auroit les jambes écartées afin de laisser passer les gondoles.

Deux grouppes représentant l'un *Apollon poursuivant Daphné*, l'autre ce dieu *ecorchant Masyas*,

Enfin un grouppe en marbre de l'enlèvement d'Hélène, dont il existe un modèle à Gènes.

Il avoit soixante ans lorsqu'il formoit tous ces projets ; il étoit encore animé d'un feu qui remplaçoit celui de la jeunesse. Il sentoit sa supériorité, comme il le fait voir par ce passage d'une

de ses lettres, où il dit : « Je me suis nourri aux
» grands ouvrages ; je nage quand j'y travaille, et
» le marbre tremble devant moi pour grosse que
» soit la pièce ».

La ville de Marseille voulut ériger une *statue
équestre à Louis XIV*, et chargea Puget d'en faire
le modèle en cire (27). On l'admira, et les échevins passèrent un contrat avec lui pour l'exécution en bronze ; mais lorsqu'il donna les nouveaux
plans de la Cannebienne, dont il faisoit la Place
Royale, et qu'il vouloit qu'on apperçut en dé-
barquant du port, un des échevins, dont la
maison se seroit trouvée abattue, ainsi que l'arsenal et le magasin des vivres, s'opposa à l'exécution de ce projet ; et Puget n'ayant pas voulu
consentir à changer son plan, le contrat fut
cassé, et la ville passa avec Clerion un marché,
qui n'eut pas plus d'exécution.

Puget éprouva beaucoup de chagrin de cette
injustice ; il s'en plaignit à Lebrun, qui lui en
marqua tous ses regrets ; mais il n'en fut pas
moins privé d'un ouvrage sur lequel il comptoit
pour ajouter à sa réputation.

En 1685, le groupe d'Andromède arriva à Versailles ; il fut présenté au roi par le fils de Puget ;
le monarque parut très-satisfait de cette nouvelle

(27) Le modèle est maintenant à Aix, chez M. Magnan. Voy.
le *Voyage de M. MILLIN dans le midi de la France*, t. II,
p. 264. On y retrouve l'ardeur qui ne cessoit d'animer Puget
dans ses compositions : le cheval se cabre ; et, pour donner la
possibilité de l'exécution, l'auteur a renversé par terre les ennemis vaincus par le roi.

production, et dit que cet homme n'étoit pas seulement un sculpteur habile, mais qu'il étoit inimitable. Si Louis XIV mettoit au premier rang le groupe d'Andromède, ce n'étoit pas l'avis de Puget, et la postérité a décidé que l'opinion de l'artiste l'emportoit sur celle du prince. Le héros manque de noblesse et de beauté; la tête d'Andromède est plutôt un portrait gracieux qu'une beauté grecque, mais on aperçoit encore dans cette figure une fraîcheur et une souplesse que Puget a toujours su trouver dans le marbre. Le défaut de petitesse dont on lui a fait reproche seroit suffisamment excusé par l'accident qui arriva lors de l'ébauche, et le força à la faire moins grande qu'il n'avoit voulu d'abord (28); si l'on ne pouvoit dire aussi que c'est une mortelle qu'il a représentée auprès d'un demi-dieu, et qu'elle est dans les proportions convenables pour faire sentir la prééminence et la force du héros, ce qui ne pouvoit être exprimé autrement en sculpture.

Puget vint enfin à Paris en 1688, et fut présenté au Roi à Fontainebleau. Ce monarque, après lui avoir répété les paroles flatteuses qu'il avoit dites à son fils, lui donna une médaille d'or (29) comme un témoignage de sa satisfaction.

(28) Lors de l'ébauche qui fut faite par Verrier, il se trouva dans la tête de l'Andromède une tache qui parut à Puget assez désagréable pour faire sauter cette portion et recommencer à ébaucher plus bas.

(29) Cette médaille du poids d'environ mille francs repré-

Il n'eut pourtant pas lieu d'être content de son séjour à Paris. Cet homme, dont la franchise alloit jusqu'à la dureté, ne sut ni se plier à la flatterie, ni supporter les désagrémens dont ses ennemis l'accablèrent, ni dissimuler qu'il se croyoit bien au-dessus de beaucoup d'artistes plus en faveur que lui. Il repartit pour son pays natal au bout de très-peu de temps.

Son *bas-relief de Diogène* (30), commencé depuis très-long-temps, fut enfin terminé et expédié pour Paris en 1690. Nous remarquerons que le geste de Diogène, qui paroît plutôt implorer Alexandre que le repousser, pour lui redemander *son soleil*, est une faute grave que l'auteur avoit probablement sentie, puisqu'il avoit abandonné son travail, et qu'il ne le reprit qu'après en avoir reçu l'ordre de Louvois. Ses ennemis profitèrent sans doute de cette faute pour que ce bas-relief fut relegué dans un magasin, où il resta enseveli pendant un siècle, et d'où il ne sortit que lorsque le temps ayant calmé l'envie, les véritables artistes voulurent faire voir les grandes beautés, qui dans cette sculpture se trouvent associées à quelques défauts.

Peu de temps avant sa mort, Puget commença, pour l'abbé de la Chambre, curé de Saint-Barthé-

sentoit la tête du roi, et au revers la ville de Paris, sous la figure de l'Abondance, avec l'exergue *felicitas publica*, et l'année 1672.

(30) Ce bas-relief, de trois mètres et demi de haut, est maintenant sous le vestibule de la chapelle du château de Versailles.

lemi de Paris, le bas-relief de la *peste de Milan* (31); Saint Charles, accompagné de quelques diacres, vient administrer les secours de la religion à des malheureux qui n'ont plus que l'espoir d'une nouvelle vie; il trouve un mourant qui rassemble tout ce qui lui reste de force pour rendre les derniers devoirs à son ami; une mère inanimée qui tombe sur son enfant; un père qui lève les yeux au ciel pour demander du soulagement dans ses douleurs, tandis qu'un autre enfant semble se réfugier sous les ornemens pontificaux, dans l'espoir que la mort ne pourra l'y surprendre (32). Le saint cardinal à genoux, entouré de destruction, ne succombe pas à l'horreur de ce spectacle; il s'élève vers Dieu, et ses mains suppliantes lui offrent les souffrances de son peuple, en lui demandant de les terminer. Des anges qu'on apperçoit dans les nues, semblent apporter au saint évêque la croix, gage de la réconciliation.

L'artiste n'eut pas le temps de mettre la dernière

(31) Le bas-relief de la peste de Milan n'a qu'un mètre 60 centimètres de haut sur un mètre 15 centimètres de large; quelques parties ne sont qu'ébauchées; il se sent de la vieillesse de l'auteur quant à l'exécution; mais il est impossible de trouver une composition plus poétique. N'étant pas terminé, il ne fut pas envoyé à sa première destination, et depuis, il fut acheté dix mille francs par les intendans de la consigne, à Marseille, où il est encore aujourd'hui. Voyez le *Voyage* de M. Millin, t. III.

(32) Ce bas-relief est encore à la consigne, ainsi que le beau tableau de David, qui représente la *peste de Saint-Roch*, *Voyage* de M. Millin, t. III.

main à cette belle conception ; l'Athènes des Gau‑
les (33) perdit son Phidias le 2 décembre 1694.

Cet homme étonnant qui avoit étudié tous les
arts, n'avoit souvent pour se guider, lorsqu'il fai‑
soit une grande statue, qu'une simple maquette (34) ;
qui ne lui donnoit qu'un léger souvenir ; c'est dans
sa tête qu'il retrouvoit les dimensions et les à‑
plombs : son esprit fortement pénétré sut toujours
voir sa statue (35) dans le bloc qu'il tailloit, aussi
étoit-ce dans la solitude qu'il travailloit, et la vi‑
vacité, disons même la rudesse de son caractère,
lui faisoit recevoir avec brusquerie les personnes qui
l'approchoient pour lui donner des conseils (36).
Sans ménagement pour le ministre et l'homme en
place, il fut souvent obligé de discontinuer des
travaux qu'il auroit pu terminer s'il eût eu un ca‑
ractère plus liant (37).

(33) Cicéron donne à la ville de Marseille le nom d'*Athènes
des Gaules.*

(34) Maquette (subst. fémin.). Ce nom ne se trouve pas
dans le Dictionnaire de l'Académie française ; il ne peut être
remplacé par aucun autre ; il signifie, en sculpture, un léger
modèle, où rien n'est arrêté, et qui n'offre que la première
pensée de l'artiste. Les maquettes sont pour les sculpteurs ce
que sont pour les peintres les croquis.

(35) On a vu dans son atelier une partie du milon entière‑
ment finie, tandis que d'autres n'étoient qu'ébauchées, et même
à peine dégrossies.

(36) On dit que comme il travailloit à Versailles, deux
seigneurs vinrent le visiter et donnoient leur avis sur le buste
dont il s'occupoit ; ennuyé de leurs conseils, il prit sa masse
et abattit le nez de sa figure.

(37) Les statues de Gênes qu'il abandonna, l'arsenal de Tou‑
lon, la statue équestre du roi pour la ville de Marseille, enfin

Il ne voyoit dans les autres artistes que des hommes jaloux de sa gloire et de son mérite, il s'empressoit de les repousser de son atelier (38).

Ce fut là sans doute ce qui força Puget à s'éloigner de Paris, et à venir terminer sa vie dans une retraite où il n'eut plus à éprouver les dégoûts inévitables dans les cours et dans les grandes villes.

C'est donc seulement entouré de sa famille et de quelques amis (39), que la mort enleva Pierre Puget, et tandis que l'histoire nous montre LÉONARD *de Vinci*, mourant dans les bras de François Ier; RAPHAEL comblé de faveurs et à la veille d'être élevé au cardinalat par Léon X; le TITIEN et VANDYCK faits chevaliers, l'un par Charles-Quint, l'autre par Charles Ier roi d'Angleterre; RUBENS, ambassadeur et secrétaire d'état; LEBRUN, premier peintre et favori de Louis XIV, *Hardouin* MANSART, surintendant de ses bâtimens, comblé d'honneurs et de bienfaits; elle nous laisse

les projets qu'il avoit faits pour Versailles, et dont il auroit exécuté quelques uns, s'il eût su ménager le tout-puissant Louvois.

(38) Coisevox desirant voir l'atelier de Puget, s'y fit conduire sous un nom emprunté; mais pendant la visite, son ami l'ayant appelé par son vrai nom, le sculpteur provençal vint à lui, et le poussant vers la porte, lui dit : « Eh! quoi, M. Coisevox, un habile homme comme vous vient voir un ignorant comme moi?

(39) Pierre Puget épousa, vers 1650, N. Boulet, dont il eut un fils nommé François; et le 31 mai 1671, il épousa madame Tabourin.

Christophe Verrier, son neveu, fut aussi son élève, ainsi que Marc Chabry et Baptiste.

chercher dans une retraite obscure, cet homme qui se distingua dans tous les arts, et qui fut le premier statuaire de son pays et de son siècle ; cet artiste qui joignoit un grand génie à une plus grande facilité d'exécution, qui sut animer le marbre, et sembloit le manier comme la cire. Né à Marseille dans l'obscurité dont ses talens l'avoient fait sortir ; Puget mourut oublié de ses concitoyens, à l'âge de soixante-douze ans, sans avoir reçu de ses contemporains aucune marque de distinction (40) ; mais s'il fut privé d'un honneur passager, il en est vengé par la postérité ; sa ville natale lui rend un hommage solemnel, et après un espace de plus de cent années, la plus ancienne académie de la France, s'associe à la gloire de Puget, et vient de consacrer, dans ses fastes, l'éloge de cet homme justement célèbre.

(40) Il paroîtra étonnant de voir Puget oublié en quelque sorte par Louis XIV, qui pourtant connoissoit son talent, tandis qu'il se trouve une foule d'artistes si bien récompensés par ce monarque. Il faut que des gens puissans ou intrigans aient trouvé le moyen de s'opposer au bien que le roi pouvoit lui faire. Puget ne reçut pas le cordon de Saint-Michel ; il ne fut même pas de l'Académie de peinture.